traduit par ch. de moeurs D.M.P.

LE MANUEL

DU

CAVALIER,

TRADUIT

De l'Anglois du Capitaine

BURDON.

A PARIS,

Chez {

CHAUBERT, à l'entrée du Quai des Augustins, du côté du Pont S. Michel, à la Renommée & à la Prudence.

Et JOSEPH BULLOT, ruë de la Parcheminerie, près Saint Severin, à Saint Joseph.

M. DCC. XXXVII.

Avec Approbation & Privilege du Roi.

A B C D E F H I O L M N P Q R T V

G K S

p p q u x

y

c e f a b h v t z o d g k i l m n

B. R.

AVERTISSEMENT.

L'Acüeil favorable qu'on a fait en Angleterre à cet Ouvrage, en prouve suffisamment l'utilité. Il se trouve entre les mains de tous ceux qui aiment les Chevaux, c'est dire, qu'il est très-répandu, car le goût des Chevaux est assez le goût général de cette célébre Nation. Il est encore devenu un Livre nécessaire à tous ceux qui entreprennent des voyages à Cheval. Aussi est-ce principalement en faveur de ces derniers qu'il a été composé.

Après quelques avis aussi interessans que sensés, & qui s'adressent à tous ceux qui achetent des Chevaux, l'Auteur entre dans le détail des accidens qui peuvent survenir à un Cheval dans un voyage. Il indique ces accidens, il en examine les rapports & les differences, afin de mettre les Cavaliers en garde contre les mépriſes des Maréchaux de campagne, pour l'ordinaire auſſi ignorans que groſſiers. Non content de leur enſeigner les moyens de diſtinguer eux-mêmes ces accidens, il leur apprend encore ceux d'y remédier par des méthodes ſimples & faciles à mettre en exécution. Il s'attache ſurtout à indiquer parmi les meilleurs remedes ceux que l'on trouve partout, qui coutent peu, & qui guériſſent le plus promptement.

Le plaiſir & la ſureté d'un voyage dépendent en partie du bon état des Chevaux dont on ſe ſert. L'Auteur indique de quelle maniere il faut les gouverner, ſoit dans la route, ſoit dans les Hôtelleries, pour les garantir des incommodités auſquelles l'imprudence des Valets d'Ecurie, ne les expofe que trop fouvent, & qui pouroient retarder un Voyageur.

Il affure que c'eft toujours d'après fa propre expérience qu'il parle. On n'aura pas de peine à le croire, lorfqu'on fçaura qu'il a a été long-tems au fervice de fa Patrie, en qualité d'Officier de Cavalerie, & qu'il a fait plufieurs voyages tant en Angleterre qu'en France, ce qui a dû néceffairement le mettre à portée de s'inftruire par lui-même de toutes les chofes dont il traite dans cet Ouvrage. Outre ces occafions communes à tous ceux qui font le même métier, il a fait une étude particuliere de la connoiffance des Chevaux, & il a lû les meilleurs écrits qui ont été publiez fur cette matiere. Il a éprouvé avec beaucoup de foin & de dépenfe la plûpart des remedes que les Auteurs propofent dans ces Ecrits, au fujet des maladies dont il parle dans celui-ci, & propoſe à ſon tour ceux de ces remedes dont le ſuccès lui a paru le moins équivoque. Enfin c'eſt ici un recüeil de ſages conſeils & d'obſervations exactes, qui ſont le fruit d'une expérience de près de trente ans.

L'Auteur n'eſt point entré dans le détail des maladies chroniques du Cheval, matiere ſur laquelle il a bien de nouvelles Obſervations qu'il fait eſperer au Public. Ce détail auroit groſſi ce volume, qui eſt fait pour être porté dans la poche de ceux qui voyagent ; c'eſt pour cela qu'il l'a intitulé, *The Gentleman 's Pocket Farrier*, c'eſt-à-dire, *Le Maréchal dans la poche du Cavalier*. Le titre françois que je lui ai donné, exprime à peu près la même penſée.

J'ai fait cette traduction ſur la troiſiéme & derniere édition publiée par M. Bracken Docteur en Médecine. L'Editeur y a ajouté des remarques, que j'ai crû devoir supprimer, parce qu'elles font plus propres à embarrasser le Lecteur, qu'à l'instruire. D'ailleurs l'Auteur s'énonce si heureusement, & ce qu'il dit est par tout si bien détaillé & si raisonnable, que les remarques de M. *Bracken*, assez souvent contradictoires au texte, font pour le moins inutiles. Il ne manque à cet Ouvrage qu'une introduction à la connoissance des parties extérieures du Cheval, & l'explication de quelques termes de l'Art qui pouroient arrêter la plûpart de ceux à qui ce Livre convient.

Comment en effet un Lecteur peu versé dans la connoissance du Cheval, pourra-t'il distinguer les maladies qui viennent par exemple au *Canon*, au *Boulet*, au *Paturon*, à la *Couronne*, au *Sabot*, aux *Quartiers*, à la *Fourchette*, &c.

S'il ignore quelles ſont les parties de cet animal que l'on nomme ainſi. C'eſt à quoi j'ai cru devoir ſuppléer, en mettant à la ſuite de cet Avertiſſement les noms que l'on donne ordinairement aux parties extérieures du Cheval. Mais je dois avoüer ici que peu verſé moi-même dans cette connoiſſance, j'ai été obligé d'avoir recours aux Maîtres de l'Art, & que j'ai ſurtout conſulté l'excellent Ouvrage de M. de la *Gueriniere*, d'où j'ai extrait le détail ſuivant, pour l'intelligence duquel j'ai ajouté une figure priſe du Traité Anglois de M. *Gibſon*, intitulé *Le nouveau Guide du Maréchal.*

Les parties extérieures du Cheval ſe diſtinguent en trois ; ſçavoir, celles de l'Avant-main, celles du Corps, & celles de l'Arriere-main.

Les parties de l'Avant-main,

font la Tête, l'Encolure, le Garot, les Epaules, le Poitrail, & les Jambes de devant.

On diftingue à la tête les parties fuivantes.

A. Les Oreilles.

B. Le toupet, qui eft ce paquet de crin qui tombe fur le front & qui eft placé à l'extrémité de l'encolure entre les deux oreilles.

C. Le Front,

D. Les Temples, *ou* Tempes.

E. Les Sourcils.

F. Les Salieres, *ou* les Creux qui fe trouvent au deffous des Sourcils.

G. Le larmier, *ou* le coin de l'œil près la Temple.

H. Les Paupieres.

I. Les Yeux.

K. La Ganache ou machoire inferieure.

M. La Bouche, où l'on confidere plufieurs parties; fçavoir :

N. Les Levres.

O. Les Naſeaux.

L. Le bout du Nez.

P. Le Menton.

La Barbe.

La Langue, le Canal ou le Creux de la Machoire inférieure, le Palais & les Barres, qui ſont ces endroits des Machoires ſupérieure & inférieure, où il n'y a point de dents, & où eſt appuyé le Mors.

Q. L'Encolure ou le Cou, à l'extrémité duquel ſe trouve le Toupet marqué B.

R. Le Goſier.

S. Le Garot, placé à l'extremité de la criniere entre les deux Epaules.

V. Les Epaules.

T. Le Poitrail, & les Jambes de devant, où il faut diſtinguer les parties ſuivantes.

a. Le Bras.

b. Le Coude.

c. L'Ars, qui eſt une veine apparente placée à la partie antérieure & interne du Bras.

d. Le genou.

e La Chataigne, qui eſt une eſpece de corne tendre & ſans poil, ſituée à la partie interne du Bras, un peu au-deſſus du Genou.

f. Le Canon, qui eſt cette partie de la Jambe compriſe depuis le Genou juſqu'au Boulet.

g. Le Nerf, ou le Tendon qui regne le long de la partie poſtérieure de la Jambe.

k. Le Boulet formé par l'articulation de l'os du Canon, avec celui du Paturon.

i. Le Fanon, qui eſt un toupet de poil placé derriere le Boulet.

L'Ergot, qui eſt une eſpece de corne tendre ſituée au milieu du Fanon.

l. Le Paturon, qui eſt la partie

qui fe trouve entre le Boulet &
la Couronne.

m. La Couronne, ou le poil qui
couvre la partie fupérieure du
Sabot.

n. Le pied, où fe trouvent le *Sabot* ou la *Corne* ; les *Quartiers*,
qui font les deux côtés du Sabot depuis la Pince jufqu'au
Talon, & qu'on diftingue en
Quartier de dedans & Quartier de dehors ; la *Pince*, qui
eft l'extrémité antérieure du
Sabot ; le *Talon* ; la *Fourchette*,
qui eft une corne tendre divi-
fée en deux branches du côté
du Talon, & approchante de
la figure d'une fourche, d'où
lui vient fon nom, elle eft
fituée dans le creux du pied ;
la *Sole*, qui eft une corne plus
dure que la Fourchette, plus
tendre que le Sabot, placée
entre les Quartiers & la Fourchette ; & le *Petit-Pied*, qui eft

un os spongieux entouré de chairs, & situé au milieu du Sabot.

Les parties du Corps sont :

pp. Les Reins, où porte la Selle.

q. Les Roignons.

h. Les Côtez.

r. Le Ventre.

t. Les Flancs.

Les parties de l'arriere-main, sont :

u. La Croupe.

x. Les Fesses.

y. Les Hanches.

z. Le Grasset, qui est la Jointure située au bas de la Hanche, vis-à-vis des Flancs.

o. Les Cuisses.

s. Le Jarret, & les Jambes de derriere.

PREFACE
DE L'AUTEUR.

LE Maréchal ferrant exerce une Profeſſion auſſi utile qu'aucune autre. On l'appelle vulgairement le Médecin des Chevaux, parce qu'il exerce ſur eux la Médecine & la Chirurgie, & il s'en trouve quelques-uns qui ont du talent. Mais en général il eſt rare que ceux qui ont le moyen de donner de l'éducation à leurs enfans, les deſtinent à l'exercice de cette Profeſſion, en ſorte que les Maréchaux ſont obligés ue recevoir pour Apprentifs ceux qui ſe preſentent à eux, ſans avoir égard à leur capacité.

Lorſqu'un Apprentif Maréchal a ſervi le tems ordinaire, il eſt admis à la Maîtriſe, à la faveur d'un petit nombre de recettes, (qui depuis une ſuite innombrable d'années, ont été communiquées de la main à la main, par les Maîtres à leurs Eleves, ſans avoir reçû aucun changement.) Content alors de la capacité que ſuppoſe ce nouveau titre, il ne cherche plus à s'inſtruire. C'eſt pourquoi il s'en trouve un ſi grand nombre d'ignorans, & tant d'autres qui ſont incapables de rien apprendre de ce qui pourroit perfectionner leurs connoiſſances. J'ai compaſſion du Cheval, cet Animal ſi noble & ſi utile, lorſque je conſidere les dangers auſquels ſa vie eſt expoſée entre les mains de pareilles gens.

Le deſſein de ce petit Ouvrage eſt donc d'inſtruire ceux qui ont des Chevaux à leur ſervice,

1°. De ce qu'il convient de faire lorſque leurs Chevaux boitent.

2°. Des remedes qu'il faut leur donner lorſqu'ils ſont malades.

3°. Comment il faut diriger les opérations manuelles, & les moyens de prévenir les fautes des ignorans.

Le Cheval qui ne boit pas ordinairement de liqueurs fortes, & qui ne ſe nourrit pas de viande, ne doit pas avoir beſoin (comme les hommes) d'une grande quantité de remedes ; c'eſt pourquoi le petit nombre de ceux qui lui ſont néceſſaires, en rendra la connoiſſance plus aiſée. Ceux qui ont des Chevaux dans leurs Ecuries, ſesont aussi en état, par le secours de cet Ouvrage, de prévenir les méprises des Palefreniers & des Maréchaux, qui ne confondent que trop souvent une maladie avec une autre ; & ils éviteront par là la perte de leurs Chevaux.

Mais il me semble que les Maréchaux, les Cochers & les Palefreniers s'élévent contre moi, & qu'ils s'écrient : Comment ceux qui n'ont d'autre connoissance des Chevaux, que celle des commodités qu'ils en retirent, pourroient-ils s'entendre à les soigner, puisque ce n'est pas là leur affaire ? Ce n'est pas l'Ouvrage, il est vrai, d'un Cavalier, de ferrer, de conduire, ou d'étriller des Chevaux. Ce sont là de ces soins, qui doivent faire, & qui feront toujours le partage des Maréchaux, des Cochers & des Palefreniers. Mais il est de l'interêt de tous ceux qui ont des Chevaux à leur service, d'en connoître les indispositions, & les moyens d'y remédier, ce que plusieurs entendent mieux qu'aucun de ceux dont nous venons de parler, par l'avantage qu'ils ont sur eux du côté du sçavoir & des

autres

autres qualités de l'efprit. Témoins
le fameux Duc de *Newcaftle*, le Chevalier *Hope*, qui a traduit en Anglois
le Parfait Maréchal de M. *Solleyfel*,
M. *Snape*, M. *Gibfon* & plufieurs autres, lefquels ont prouvé par leurs
Ouvrages, que les Perfonnes de Condition peuvent être verfées dans la
connoiffance des Chevaux, & que ce
genre d'étude n'eft point indigne des
Perfonnes les plus diftinguées.

Virgile (un des plus grands génies
de fon fiécle) entendoit parfaitement
l'Art d'élever les Chevaux. Son troifiéme Livre des Géorgiques peut fervir à
faire connoître quelle étoit fon habi-
leté en ce genre. Il fut en liaifon avec
le grand Ecuyer d'Octavius, & guérit
plufieurs Chevaux par des méthodes
entierement nouvelles. Ce fut même
par ce moyen qu'il s'introduifit auprès
de ce Prince, dont il parvint enfuite à
mériter l'amitié, de même que celle
de tous les Grands Seigneurs de Rome,
qui vivoient de fon tems.

Il me femble donc qu'on ne peut
faire aucun reproche à un Cavalier de
s'appliquer à la connoiffance des maladies qui furviennent au plus utile de

tous les animaux, & des remedes qui conviennent pour la guérison de ces maladies, surtout s'il a l'honneur de servir sa Patrie en qualité de Cavalier ou de Dragon.

On pourroit objecter contre cet Ouvrage, (& c'est une objection qui ne manquera pas d'être faite par ceux qui y sont attaqués) que les recettes y sont en petit nombre, qu'elles y sont simples & de peu de valeur, & qu'il n'y a qu'une sorte de Cataplasme pour toutes les maladies.

A quoi je réponds : Que mon dessein a été de prévenir l'embarras, la perte de tems & les frais, en indiquant d'abord parmi les meilleurs remedes, ceux qui sont les plus faciles à trouver, & qui guérissent le plus promptement; J'ai évité aussi autant que j'ai pû de dégouter un Cheval, par un tas de drogues inutiles, m'étant assuré, après une étude & une pratique de près de trente ans, que par l'usage d'un petit nombre de remedes bien choisis, on opere une guérison plus sure & plus prompte.

Je prie le Lecteur d'observer, que je ne me propose pas de parler ici des maladies chroniques qui furviennent au Cheval ; & pour ce qui concerne le Cataplafme, fi fon effet répond à ce qu'on doit en attendre, (comme je fuis fûr qu'il y répondra) l'objection de ceux qui chicannent contre, n'eft d'aucune force.

Il n'y a point de Païs dans le monde où les Chevaux foient plus aimés, & en même tems plus rigoureufement traités qu'en Angleterre. Nous avons donc un plus grand befoin d'habiles Maréchaux. Je puis apporter pous exemple le foin que prennent nos Co-lonels dans le choix qu'ils en font pour chaque Compagnie, bien inftruits des embarras & des frais qui fuivent la cure des maladies & des foulures qui furviennent par accident aux Chevaux même déja accoutumés à la fatigue, auffi bien que le traitement des mala-dies qui arrivent inévitablement aux jeunes Chevaux d'un nouveau Régi-ment de Cavalerie.

Mais il n'eft pas donné à tout le monde d'être né avec les difpofitions d'efprit néceffaires pour entendre ce que c'eft qu'une maladie dans un Che-val, & quel eft le remede à cette maladie, quoique ce soit pourtant là ce dont tant de gens se mêlent.

Ce qui rend encore cette connoissance plus difficile, c'est que le malade ne sçauroit parler, pour nous informer du siége de la douleur qu'il ressent.

Cette connoissance dépend dont entierement de l'observation & de la pratique ; c'est par le secours de l'une & de l'autre, & à la sollicitation de quelques amis, que j'ai composé ce petit Ouvrage, auquel j'ai ajouté des notes marginales, & qui est tel qu'un Cavalier, en le supposant en voyage, peut le porter dans la poche.

LE

LE MANUEL DU CAVALIER.

SI vous rencontrez un Cheval qui vous convienne, & que vous ayiez deſſein de l'acheter, ne vous y attachez pas avant que de l'avoir monté; parce qu'il peut être ſujet à faire des écarts, ou à broncher; quoiqu'il ſoit fort beau à voir.

Choix du Cheval.

Examinez ſur-tout avec attention, les dents, la jambe, l'œil, la reſpiration.

Tous les Auteurs qui ont traité du Cheval, nous ont enſeigné le moyen d'en connoître l'âge; mais ſi l'on excepte les

Pour en connoître l'âge.

A

Maquignons, il en eſt peu qui le retiennent. Pour s'aſſurer s'il eſt jeune ou vieux, il faut relever la machoire ſuperieure, &

Les Dents. ſi les dents d'en haut s'appliquent exactement contre celles d'embas, il eſt jeune. Si au contraire elles s'avancent en dehors, & que celles de la machoire ſuperieure s'appliquent à celles de la machoire inferieure d'une maniere inégale, il eſt vieux; & plus il a les dents longues (les gencives étant deſſechées & les dents décharnées, jaunes & couvertes de tartre) plus il eſt vieux.

Les Yeux. Si les yeux ſont vifs & clairs, ſi vous pouvez en appercevoir le fond, & ſi votre image eſt réfléchie du fond des yeux & non de la ſurface, ils ſont bons. S'ils ſont troubles, couverts de nuages, ou noirs, ils ſont mauvais.

Les Jambes. Si les genoux ſont ſains, s'ils ne ſont point ſaillans en dehors,

ni tremblans , ou mal affurés ,
fes jambes peuvent être bonnes.
Mais s'il fait de petits pas, qu'il
pince la terre, ou qu'il s'appuye
fur la pointe du fer, prenez garde qu'il n'ait les pieds tendres &
douloureux, ou au moins quelque contraction dans le nerf de
la jambe.

Si les flancs s'élevent égale- La Ref-
ment & avec lenteur , la refpi- piration.
ration peut être bonne ; mais fi
les mouvemens en font irrégu-
liers & précipités , ou fi, lorfqu'il
eft dans l'écurie , il eft effoufflé
comme s'il venoit de galoper ,
c'eft figne qu'il eft pouffif.

Comment il faut traiter la Pouffe des Chevaux lorfqu'elle eft récente.

Prenez quatre onces de go-
dron, autant de miel , battez-les
bien enfemble, & enfuite faites-
les diffoudre dans environ une
pinte de lait frais tiré ; faites ava-

ler ce breuvage au Cheval deux heures après qu'il aura mangé, promenez-le une heure après qu'il l'aura pris, & deux heures après donnez-lui encore à manger. Réiterez ce breuvage un jour, l'autre non, & faites-lui boire de l'eau chaude.

Cheval de Trait.   Un Cheval qui a les épaules groffes, le poitrail large, & charnu, & qui fe jette lourdement fur fes pieds, eft plus propre pour le trait, que pour la felle.

Cheval de Selle.   Un Cheval qui a les épaules minces & la poitrine platte, dont les pieds de devant fe tiennent fermes & au niveau l'un de l'autre, & dont l'encolure depuis le *garot* jufqu'au *toupet*, décrit une ligne demi-circulaire, peut être regardé avec juftice, comme ayant le devant bien leger, & eft plu propre pour la felle, que pour le trait.

Il faut enfuite examiner les

quatre chofes fuivantes, fçavoir:
s'il mord, s'il ruë, s'il eft ramingue & ombrageux.

Un Cheval peut être fain,
quoiqu'il ait ces quatre défauts,
qu'il eft prefqu'impoffible de découvrir, lorfqu'on fe contente
de l'examiner pour ainfi dire en
paffant; de forte que pour s'en
affurer, il faut avoir recours à
celui qui en a foin.

Quand on achete un Cheval,
le Proprietaire, pour le vanter,
dit ordinairement qu'il n'a ni
Sur-os, ni *Eparvin*, ni *Molette*.

Pour qu'on ne puiffe pas vous
en impofer là-deffus, je décrirai
ces trois maladies.

Le *Sur-os* eft une excroiffance   Le
calleufe, ou une tumeur dure & Sur-os.
fixe, qui croît fur le canon de
l'os de la jambe de devant, à la
partie laterale interne ou externe, (& quelque fois fur l'une &
fur l'autre) un peu au-deffus &

affez près du genou, & qu'on peut voir & toucher.

Pour guérir cette tumeur, il faut rafer la partie, & la battre avec un bâton ; la picquer enfuite avec un clou engagé dans un morceau de bois, & appliquer par-deffus un emplâtre veficatoire, le plus fort qu'on pourra. On laiffera cet emplâtre pendant trois jours, après lefquels on l'ôtera ; & on frottera la partie avec un demi-gros d'huile d'Origan, (*a*) mêlée avec autant d'huile de Vitriol.

Si la premiere friction ne fuffit pas, il faut frotter de nouveau la partie avec les mêmes ingrédiens ; & fi après cette feconde friction, il refte encore quelque chofe de la tumeur, on appliquera un nouvel emplâtre

(*a*) L'Auteur entend par l'huile d'Origan, l'huile effentielle de cette Plante, qui eft très-active, & même cauftique.

veficatoire, qu'on laiffera pendant vingt-quatre heures ; & on fera faire quelque exercice au Cheval, pour prévenir les tumeurs, ou excroiffances, qui pourroient lui furvenir par le repos.

L'*Eparvin* eft de la même nature & croît de même fur l'os de la jambe de derriere, un peu au-deffous du jarret.

L'Eparvin.

Pour le guérir, il faut battre la tumeur avec un bâton, y faire des frictions, l'oindre enfuite avec l'huile d'Origan, la couvrir d'un linge moüillé, & en approcher une brique chaude, pour faire pénétrer l'huile.

Les *Molettes*, font plufieurs petites tumeurs, fituées précifément au-deffus du *Boulet* des jambes de l'*avant* ou de l'*arriere main*. Elles paroiffent au toucher pleines de vent, ou d'une

Les Molettes.

matiere gelatineufe ; mais elles
ne font jamais boiter un cheval;
au lieu que le *Sur-os* & l'*Eparvin*,
l'eftropient toujours. Ces trois
fortes de tumeurs dépendent de
la même caufe, qui eft ou le
galop forcé, ou les trop grandes
journées, ou les fardeaux trop
pefans, lorfqu'un Cheval eft jeune. Dans quelques Poulains on
regarde le *Sur-os* & l'*Eparvin*,
comme des maladies heredi-
taires.

Il faut
effayer
d'un Che-
val avant
que de
l'acheter.

Si vous avez deffein d'acheter un Cheval de quelqu'un qui
vous connoiffe, vous pouvez lui
demander la permiffion de le
monter pendant une heure avant
que d'en conclurre le marché.
S'il vous refufe, c'eft une preuve qu'il veut avoir votre argent
avant que vous ayiez pû découvrir les défauts du Cheval qu'il
veut vendre. S'il vous en donne
la permiffion, montez-le à la

porte de l'Écurie ; ne lui faites sentir ni l'éperon, ni voir le foüet ; ne vous agitez point trop en le montant, & lorſque vous ſerez aſſis, laiſſez-le aller ſon pas, & maniez - le avec douceur ; tout cela le rendra moins attentif, & s'il eſt ſujet à broncher, il ſe découvrira lui - même en peu de tems.

Le moïen de découvrir ſi un Cheval bronche.

Le meilleur Cheval peut broncher, mais s'il s'élance après avoir bronché, comme s'il appréhendoit le foüet ou l'éperon, on eſt fondé à croire qu'il eſt contumier du fait. Un Cavalier ne devroit jamais battre un cheval, pour avoir bronché, ou pour avoir fait des écarts ; j'avoüe que le premier mouvement porte à le punir ; mais la correction le rend pire.

Toutes les fois que vous avez deſſein de vous ſervir d'un Cheval pour un voyage, pour la chaſſe, ou ſeulement pour aller prendre l'air, examinez-lui les pieds, un, deux ou trois jours, ou un tems convenable avant de vous en ſervir, pour voir ſi ſes fers ſont fermes, & s'il eſt bien appuyé ſur ſes pieds ; car c'eſt de là que dépend le plaiſir & la ſûreté du voyage.

Les ſers fermes.

S'il ſe coupe, ou ſe donne des atteintes, ſoit par devant, ſoit par derriere, ayez ſoin que ſes fers ne ſoient point tranchans par les bords, & qu'ils n'excedent pas le *ſabot*, & obſervez que les clous qui les attachent au *ſabot*, ſoient bien rivés. Mais ſi c'eſt en croiſant les jambes qu'il ſe donne des atteintes, alors c'eſt une infirmité naturelle, à laquelle on peut ſeulement apporter quelques petits ſecours.

Atteintes.

Si vous vous appercevez que lorſqu'il eſt dans l'Ecurie, il avance un pied plus que l'autre,

Cheval boiteux.

qu'il paroiſſe ne pas s'appuyer ſur l'un de ſes pieds, ſoit qu'il le tienne en avant ou en arriere, vous pouvez ordinairement en conclure, qu'il ne ſe porte pas bien.

Si c'eſt le fer qui eſt la cauſe de cette indiſpoſition, le Maréchal peut y rémédier ſur le champ : mais s'il y a de la chaleur au pied (& qu'il ait été bleſſé ſans qu'on s'en ſoit apperçu), faites un cataplaſme avec quelque eſpece de plante potagere, comme la Laituë, les Choux, les feüilles de Mauve, ou de Navets, (ou mieux encore avec les Navets mêmes) que vous ferez boüillir juſqu'à parfaite cuiſſon ; exprimez-en l'eau, & écraſez les dans un vaiſſeau de bois, en y mêlant deux ou trois onces de ſain doux, ou de beurre; mettez ce cataplaſme ſur un morceau de drap, & appliquez

Cata-
plaſme.

le fur le pied auffi chaudement que vous pourrez, en l'y laiffant pendant la nuit.

Le lendemain matin lorfque le Maréchal viendra pour lui ôter le fer, il trouvera la corne ramollie, & facile à couper, enforte qu'il découvrira fans peine, en la rognant, fi elle eft bleffée ou meurtrie.

Contu-fion du Sabot.

Si elle eft feulement meurtrie ou contufe, le cataplafme fufdit guérira la contufion.

Bleffure.

Si elle a été piquée ou autrement bleffée jufqu'au vif, il faut dilater le trou avec un canif, & y faire couler un peu d'emplâtre *Diachylon* ou de *Melilot*, à travers des pincettes chaudes,

Gueri-fon.

pour en faire fortir le gravier; (le liniment dont je parlerai ci-après vaut encore mieux.) Bouchez exactement le trou avec de l'étoupe féche, que vous affujétirez par le moyen de deux attelles , & enveloppez-lui le pied comme auparavant avec le cataplafme chaud.

Repetez ce panfement jufqu'à ce qu'il foit guéri , ce qui arrivera dans deux jours , fi l'on n'a pas été trop avant avec le canif.

Il ne faut pas permettre au Maréchal de le panfer avec la therebentine enflamée, parce que ce remede boucheroit la playe avant que le gravier en fût forti , & alors il faudroit le *deffoler*, ce qui demande fix mois de tems pour la guérifon.

Avis contre la pratique des Maréchaux.

Si votre Cheval eft boiteux, & qu'il ait un trou au talon, ou à quelque autre partie de la corne , foit que le trou foit occafionné par les atteintes qu'il s'eft données avec les piſds de derriere , ou qu'il a reçües d'un autre cheval , quelque profond que foit ce trou , & quand même il y auroit du gravier , enveloppez-

L'atteinte encornée.

Guerifon. lui le pied avec le fufdit cataplafme, & répetez cela le foir & le
matin jufqu'à ce qu'il foit guéri;
car le cataplafme fera fortir le
gravier, excitera la reproduction
des chairs, & fera croître la corne plutôt qu'elle ne croîtroit, par
l'ufage d'aucune autre forte de
remede.

Avis.   La pratique ordinaire des Maréchaux eft de mettre des caufti-
ques dans ces fortes de trous,
(comme une compofition de
Mercure, de Chaux, de Vitriol,
ou de femblables drogues) pour
les cauterifer, & de couper une
grande partie de la corne, pour
aller (difent-ils) jufqu'au fond,
& alors elle eft environ fix mois
à revenir dans fon état naturel,
& le plus fouvent (fuppofé même que cela n'arrive pas toujours) la fin de ce traitement eft
que le Cheval refte pour toujours avec le pied gros & mal fain.

Toutes les bleſſures, les coups & les contuſions, peuvent être guéries par l'uſage du cataplaſme ſuſdit, non-ſeulement plus vîte & plus ſûrement que par aucun autre remede, mais même ſans laiſſer la moindre marque.

Liniment pour le Cheval.

Metrez dans un pot de terre ver-niſſé qui tienne environ une pin-te, la groſſeur d'un œuf de poule de Poix-reſine, faites la fondre ſur un petit feu ; quand elle ſera fonduë, ajoûtez-y autant de cire jaune, & une demi-livre de ſain-doux. Ces drogues étant fon-duës, mêlez-y deux onces de miel & demi-livre de therebentine commune ; faites boüillir le tout à petit feu, en remuant toujours avec un bâton, & lorſque la therebentine ſera mêlée, vous y jetterez deux onces de verd de gris en poudre fine, après avoir

retiré le pot de dessus le feu,
(autrement la matiere s'éleve-
roit dans l'instant au-dessus des
bords); mêlez exactement le verd
de gris, en remuant avec un
bâton ; remettez le pot sur le
feu, & faites-lui donner deux
ou trois boüillons. Vous passe-
rez ensuite la matiere par une
toile de crin, en pressant,& vous
la garderez dans un vaisseau convenable, pour vous en servir dans
le besoin. Ce qui reste sur la toile
est rejetté comme inutile.

Ce liniment est d'un bon usage pour les playes, & les contusions des parties charnuës, & de
la corne, pour les blessures des
genoux, pour les écorchures du
dos, les morsures des animaux,
pour les crevasses des talons, pour
les malandres, & pour guérir la
blessure qui reste après la castra-
tion du Cheval, & en écarter les
mouches.

Il eſt encore très propre pour appaiſer l'inflammation occaſionnée par les brûlures qui surviennent aux hommes. J'en ai fait l'expérience moi-même. J'en ai tiré la recette d'un Auteur nommé *Degrey*, & je n'ai fait qu'y ajoûter une once de Verdet, ne l'ayant pas trouvé aſſez déterſif.

Avant que de monter à cheval examinez ſi la bride, la gourmette, la ſelle, & la ſangle, ſont dans leur place. Accoutumez toujours votre Cheval à ſe tenir ferme, & à ne faire aucun mouvement, juſqu'à ce que vous ſoyez bien aſſis, & que vous ayez ajuſté vos habits. *Ce qu'il faut faire avant que de monter à cheval.*

Lorſque vous voudrez le faire aller, apprenez-lui à partir, en lui ſerrant les flancs avec les genoux, ou en lui parlant, ſans vous ſervir du foüet ou des éperons; car un Cheval apprendra toutes ces choſes, & acquerra *Pour le faire aller.*

B

auſſi facilement une bonne qualité qu'une mauvaiſe.

Correc-
tions à
contre-
tems.

La plûpart des hommes, donnent du foüet ou de l'éperon à
un cheval, pour le faire aller plus
vîte, avant qu'il ait pû comprendre la volonté du Cavalier.

Mais il y a de la cruauté à battre un animal auſſi généreux,
avant que de lui avoir ſignifié
votre volonté, (par quelque ſigne
qu'on peut lui apprendre) tandis
qu'il vous obéiroit, s'il entendoit
ce que vous déſirez de lui. Il eſt

Correc-
tion à
propos.

aſſez tems de le corriger lorſqu'il
refuſe d'obéir, ou qu'il eſt ramingue. Ne lui tirez point trop
la bride ; cela lui endurcit la
bouche. D'ailleurs il vous portera plus ſûrement, & il prendra mieux garde où il mettra les
pieds ſi vous avez la main legere, que ſi vous l'avez peſante.

La bride
aiſée.

Tout dépend du repos de la main
qui tient la bride : Tenez les

coudes dans une situation ferme, & vous ne lui endomma-
gerez pas la bouche. Il n'y a rien
qui fasse mieux connoître un
mauvais Cavalier (même à une
certaine distance) que le mouvement continuel des bras & des
jambes. Il est avantageux pour
un cheval, & même pour un Cavalier, lorsque celui-ci se tient
aussi ferme sur son cheval, que
s'il étoit une partie de lui-même,
& il peut alors faire dans un
jour deux ou trois lieuës de plus
qu'à son ordinaire. Toutes les
personnes qui ont une certaine
éducation, devroient apprendre
à monter à cheval, ne prissent-
ils que dix ou douze leçons, parce que ce que l'on apprend de
cet art, ne se perd jamais. Un
enfant qui sçait une fois nager,
ne l'oublie pas lorsqu'il devient
homme.

Si dans le voyage, les jambes

Gonfle-
ment &
crevaſſe.
aux ta-
lons.

ou les talons de votre cheval, s'enflent & ſe gerſent, ſi elles deviennent roides & douloureuſes; en ſorte qu'on ait de la peine à le tirer de l'Ecurie le matin, & qu'il n'ait peut-être pû ſe coucher de toute la nuit, mettez-vous en chemin, mais laiſſez-le aller tout doucement pendant un ou deux milles ; juſqu'à ce que le gonflement ſe diſſipe, & qu'il commence à ſentir ſes jambes.

Lorſque vous aurez fini votre journée, vous lui ferez laver les jambes malades avec de l'eau chaude, dans laquelle vous aurez fait diſſoudre une bonne quantité de ſavon, & enſuite vous préparerez le plus promptement que vous pourrez le ſuſdit cataplaſme de la maniere qu'il a été dit à la page 11, vous le lui appliquerez chaudement autour des jambes & l'y laiſſerez toute la nuit. Vous le nourrirez à l'ordinaire, & lui préfenterez de l'eau chaude à boire. Sur les huit ou neuf heures (c'eſt-à-dire trois ou quatre heures après qu'il aura été penſé, & qu'il aura mangé) donnez-lui le Bol ſuivant.

Prenez demi-once d'*Ethiops mineral*, autant de *Baume de ſoufre, fait avec l'huile de therebentine*, autant de *Diapente*, ou de l'*Anis* en poudre, mêlez le tout, & faites-en un Bol avec du miel, ou de la theriaque. Vous pouvez lui faire avaler pardeſſus une chopine d'eau chaude. **Bol.**

Ne le ſortez pas de l'Ecurie, pour quelque raiſon que ce ſoit, juſqu'à ce que vous le montiez le lendemain, pour vous remettre en route, & donnez-lui de l'eau chaude à boire dans l'Ecurie avant que de l'en tirer. Lorſque vous êtes en chemin vous pouvez lui laiſſer boire de l'eau froide à ſon ordinaire.

La nuit fuivante ne lui redonnez pas le Bol, mais continuez l'application du cataplafme.

La troifiéme nuit, donnez-lui un fecond Bol.

La cinquiéme nuit, donnez-lui-en un troifiéme, & pendant tout ce tems-là continuez le cataplafme, jufqu'à ce que fes talons foient guéris. Si vous ne pouvez avoir aucune forte de cataplafme, faites fondre dans un poëlon du fain doux, du beurre, ou de la graiffe de la cuifine, & avec un pied de liévre ou un chiffon de linge, frottez-lui-en chaudement la partie malade.

Graiffer les ta-lons.

Un ou deux jours après, faites-lui tirer une livre de fang du col.

Si le cheval eft jeune, & que la maladie foit nouvelle, il guérira fans retour. Mais s'il eft vieux, & que la maladie foit inveterée, il faudra continuer ces remedes plus long-tems.

N. B. pendant l'opération de ces remedes, vous ne devez pas le faire galopper fur la route, mais aller un pas moderé; parce que la fueur ne manqueroit pas de retarder la guérifon. Il faut obferver, que les tems & les chemins humides, ne font aucunement propres pour ce régime.

La Malandre eft une gerfure, ou un ulcere au pli du genou en dedans, par lequel il s'écoule une humeur mordente, femblable à celle qui fuinte du talon ou de la fourchette. Un cheval qui en eft attaqué, n'ofe prefque avancer la jambe, crainte de l'aggrandir. Elle eft fi douloureufe, qu'elle lui ôte l'appétit, lui fait faire de petits pas, & le fait broncher à tout moment.

La même méthode (fçavoir le Bol, les Onctions, & le Cataplafme) dont on s'eft fervi our les enflures, & les gerfures des ta-

La Maolandre.

Guérifon.

lons, le guérira de cette incommodité.

La Sou-landre. La Soulandre est une crevasse au pli du jarret, qu'on doit traiter de la même maniere.

Blessure au dos. Si la selle le blesse au dos, & y attire un gonflement, il faut y appliquer un torchon gras & **Guerison.** chaud, le couvrir d'un autre linge épais, & assujettir fortement le tout pendant un quart d'heure, avec une sursangle, & répéter cela une ou deux fois, (c'est-à-dire, faire rechauffer le torchon, & l'appliquer chaud deux ou trois fois) & le gonflement se dissipera. Si l'enflure étoit peu considerable, on se contentera de bassiner la partie avec de l'eau chaude, dans laquelle on aura fait dissoudre un peu de sel. Il faut aussi faire accommoder la selle de maniere qu'elle n'appuye pas trop sur cette partie encore foible ; parce qu'un second froisseme nt sement seroit plus difficile à guérir que le premier. Si ses harnois ne font pas commodes, il se découragera ; au lieu que si rien ne le blesse il ira lestement.

Ayez pour régle de faire boire Avis. votre Cheval sur la route, avant que d'arriver à l'hôtellerie, que ce soit sur le midi ou sur le soir. Si vous ne rencontrez point d'eau sur le chemin, ne permettez pas lorsqu'une fois il est entré dans l'Ecurie, qu'un Valet le méne à la Riviere ou à un Abrévoir, soit pour lui laver les pieds, soit pour le faire boire ; mais faiteslui présenter de l'eau chaude dans la maison.

Si vous n'allez pas trop vîte dans la route, il faut laisser boire souvent votre Cheval en chemin faisant, vous pouvez en cela vous en reposer sur lui, il ne prendra point de mal ; mais il se rafraîchira souvent. Mais s'il a

C

resté long-tems sans boire, &
qu'il soit échauffé, il pourra
boire plus qu'il ne faut, ce qui
pourroit l'incommoder ; parce
qu'une grande quantité d'eau
froide avalée avidement, tandis
qu'il est échauffé, ne manqueroit pas de refroidir l'estomach,
& d'en affoiblir le ressort. Cependant pour lui rafraichir la
bouche, il faut lui en laisser
prendre deux ou trois gorgées,
ce qu'on peut lui accorder en
toute occasion lorsqu'on est en
route.

Quelquefois un Cheval est attaqué d'une rétention d'urine,
ce qui lui cause de grandes douleurs. Pour le soulager, prenez
une demi-once de semence d'a-
nis en poudre fine, une poignée
de racine de persil, faites boüillir le tout dans une pinte de
bonne bierre, ou de vin blanc,
& passez ensuite la décoction,

que vous lui ferez avaler chaudement.

Si vous pouffez un Cheval dans le chemin, & qu'il foit échauffé en entrant dans l'Ecurie, il n'aura pas d'appétit. Ayez foin alors qu'il ne lui furvienne aucune indigeftion, laquelle eft toujours fuivie de gonflement aux jambes ou du farcin, ou de tous les deux enfemble; les fymptômes font une peau hériffée & adherante aux côtes.

Les grandes courfes.

L'indigeftion.

La peau paroîtra hériffée dès le lendemain matin. Pour prévenir cet accident, auffi-tôt que vous êtes defcendu de votre Cheval, frottez-le bien, couvrez-le, curez-lui les pieds, jettez-lui une poignée ou deux de féves, & faites-lui faire une litiere épaiffe.

Préparez-lui enfuite un cordial en faifant boüillir une demi-livre d'anis dans une pinte de

Cordial.

bierre douce (ou d'eau & de vin
en partie égale) , verfez le tout
fur une demi-livre de miel, dans
un vaiffeau , & remuez jufqu'à
ce que la décoction foit tiede,
& alors faites-lui avaler cette décoction , & les femences avec une
corne.

Nourriffez-le à la maniere ordinaire , mais tenez-le chaudement & bien couvert. Donnez-
lui de l'eau chaude cette nuit ,
& le lendemain matin. On peut
lui donner un breuvage cette
nuit & de crainte que le cordial ne foit pas affez fort pour
le guérir de l'indigeftion , vous
lui ferez avaler pardeffus, & environ l'heure du coucher un des
bols prefcrits à la page 21.

Pour prévenir l'engourdiffe-
ment, ramolliffez-lui les jambes
en les lui baffinant avec de la
lavure d'écuelles, ou avec du favon diffout dans de l'eau auffi

chande qu'un homme pourra la
fupporter avec la main , & pour
quelque raifon que ce foit , ne le
laiffez pas fortir de l'Ecurie cette
nuit. On ne fçauroit mal faire ,
& il eft même avantageux de
lui graiffer les cornes, & de lui
farcir les pieds avec la mixture
fuivante ; dont l'ufage ne peut
avoir d'inconvenient.

Prenez deux ou trois poignées
de fon , mettez-le dans un petit
poëlon ; ajoûtez de quelque
graiffe que ce foit , autant qu'il
en faut pour le lier , faites chauf-
fer ce mélange, & mettez-en une
boule dans le creux des pieds de
devant.

Couvrez chaque boule avec
de la filaffe , & mettez une cou-
ple d'attelles par deffus pour l'affujettir pendant la nuit. Vous
pouvez réiterer cela tous les foirs
fi vous fouhaitez pendant tout
votre voyage. Cela eft également

bon en tout tems , pourvû qu'il
reste en repos : Mais cette précaution est inutile dans l'hyver,
& lorsqu'on voyage dans des païs
humides.

Avis con-
tre la mé-
thode des
Palefre-
niers. Evitez tous les cataplasmes faits
avec la fiente de vache , la bouë
& l'urine , que la plûpart des Valets d'Ecurie tiennent ordinairement tout prêts dans des baquets.
De pareils cataplasmes froids en-
gourdissent les pieds d'un Cheval , au point que le lendemain
il va pour ainsi dire à tâtons , &
à petits pas pendant deux ou trois
milles , ou jusqu'à ce qu'il soit
un peu échauffé , & qu'il commence à sentir ses pieds. Ces sor-
tes de cataplasmes en effet lui re-
froidissent totalement les cornes ,
& quelquefois elles ne repren-
nent jamais leur chaleur naturelle ; de sorte que le Cheval fi-
nit par être attaqué de la *solba-*
ture (ou ce qui revient au même,

ſes pieds deviennent tendres &
douloureux.)

S'il a ſouffert une entorſe à
l'épaule *, ou comme nous di-
ſons communément, s'il eſt *épaulé:*

Mêlez deux onces d'huile de
Spic (vulgairement dit d'Aſpic)
avec une once d'huile d'Hiron-
dele, & avec la main étendez un
peu de ce mélange ſur toute l'é-
paule.

Enſuite faites-le ſaigner à l'*Ars*
(ou veine de l'épaule) & laiſſez-
le repoſer deux jours. Par ce
moyen on peut rémédier à un
leger effort. S'il continuë à boiter nonobſtant ces remedes, il
faut lui faire ouvrir un ſeton,
pour donner iſſuë aux humeurs,
environ deux pouces au-deſſous
de la pointe de l'épaule. Prenez

* Cette maladie s'appelle en terme de Maréchal, le *Cheval Entrouvert*, l'*Effort de l'E-
paule*, ou le *faux écart*. Solleyſel le Parfait
Maréchal, Tom. I. Chap. LIV.

garde alors que le Maréchal ait attention à ne point ouvrir la veine de l'épaule ; car s'il la blessoit, le sang s'épancheroit en dedans , & causeroit la mort de l'animal. J'en ai vû plusieurs mourir de cet accident.

Lorsque vous lui avez ouvert le seton , il faut le laisser deux jours au moins en repos, jusqu'à ce que les humeurs suintent, & alors quoiqu'il boitte encore, vous pouvez vous remettre en chemin , & le mener bien doucement, & il se rétablira sur la route : Vous observerez de retourner le seton tous les matins, dès qu'il aura commencé à suinter.

J'ai fait cette expérience avec succès dans un voyage que je fis de Bourdeaux à Paris.

Avis contre la pratique des Maréchaux. Quelques Maréchaux font un trou à la peau au milieu & à la partie interne de l'épaule , &

(avec un tuyau de pipe) ils souf-
flent par ce trou de la même maniere qu'un Boucher souffle une
épaule de veau. Ensuite ils introduisent une espatule de fer,
& l'enfoncent huit ou dix pouces
entre le paleron & les côtes. *
Après quoi ils le brûlent avec
un fer chaud, qu'ils passent &
repassent sur toute l'épaule, &
forment des escarres qui se croi-
sent comme les barreaux d'une
fenêtre ; ils couvrent après cette
opération toute la partie avec un
mélange de poix-résine, de poix
noire & de gaudron, & lui mettant un fer élevé à l'autre pied,
ils le renvoyent dans cet état au
pâturage.

Je n'ai jamais vû aucun cheval rétabli par cette méthode.

---

* L'opération dont l'Auteur parle ici, est à
peu près la même que celle que nos Maréchaux appellent *mettre une ortie*, ou *donner
des plumes.*

J'en ai vû au contraire plusieurs qui en ont été estropiés pour toujours. En effet ils ne peuvent jamais guérir de la roideur que laisse à l'épaule l'introduction de ce fer, & l'impression du feu. Un homme qui a de l'humanité seroit surpris de la cruauté de cette opération; puisque tout ce qu'on peut faire par ce moyen, c'est de procurer une issuë aux humeurs (attirées dans la partie à l'occasion du faux écart, ou effort de l'épaule,) qui peuvent se loger entre l'omoplate & les côtes, & le seton tout seul répond parfaitement à cette intention.

La plûpart des Maréchaux tâcheront de vous persuader de vous servir de l'huile d'Origan, dans toutes les especes d'entorses. Mais c'est d'après l'expérience que je m'éleve contre ce remede. Il est trop chaud & trop subtil, & si on l'applique souvent, il s'infinuëra jufques dans l'os & le rendra caffant.

J'en ai vû un exemple dans un Cheval, dont le plus gros des os de la jambe de l'avant main fe caffa tandis qu'un Valet le me= noit par la bride à petits pas. Le Maréchal avoüa qu'il s'étoit beaucoup fervi de la fufdite huile.

Si votre Cheval fe donne une entorfe à la rotule ou os quarré, qui eft un petit os placé fur l'os de la cuiffe, au-deffus du pli du jarret, (il y en a un femblable dans le gigot de mouton) le ca= taplafme de navet le guérira fû= rement. Il eft vrai que l'on aura de la peine à l'affujettir, à caufe dela fituation de la partie, mais on le peut moyennant quelques aunes de lifiere.

S'il n'eft pas guéri, ou du moins s'il n'eft pas mieux dans trois ou quatre jours, examinez lui la hanche, peut-être que vous y trouverez la cause qui le fait boiter, auquel cas il faut pour le guérir avoir recours au feton; parce que vous ne pouvez affujettir un cataplafme fur cette partie.

Commencez par lui frotter la hanche avec les deux huiles dont j'ai fait mention (page 31) en parlant du *faux écart*. Enfuite appliquez-lui un feton environ trois ou quatre pouces au-deffous de la cavité dans laquelle s'emboëte la tête de l'os de la cuiffe; lorfque le feton commencera à fuinter, ayez foin de le retourner tous les matins. Huit ou dix jours après vous pouvez l'ôter, & couvrir la playe avec du fain-doux, pour qu'elle fe ferme fans laiffer de cicatrices.

Le Cheval boite encore par un accident qui eft affez ordinaire ; c'eft pourquoi j'en parle

ici en dernier lieu, pour qu'on
s'en reſſouvienne plus aiſément.
Nos Maréchaux en font peu de
cas : cependant ils le décou-
vrent rarement, & lorſqu'ils s'en
apperçoivent ils ne le guériſſent
jamais, ou ne le guériſſent qu'a-
vec peine. Quelques-uns de nos
Auteurs preſcrivent pour cet accident des remedes ſi difficiles,
qu'on ne ſçauroit les mettre en
uſage ſans beaucoup de peine ;
tels ſont le mou de mouton, un
jeune chien gras rôti, un chat
vivant ouvert & appliqué chaud
ſur la partie. Quant à moi, quoique tout accident qui fait boiter un Cheval, ſoit de la derniere conſéquence, cependant
je crois la guériſon de celui-ci
ſi facile, que j'ai honte de m'arrêter ſi long-tems ſur cette matiere ; je veux dire l'effort du nerf
de la jambe.

Prenez une cuillerée ou deux

de fain-doux, ou mieux de la graiffe d'Oye, faites-la fondre dans un poëlon, & frottez-lui en bien chaudement le nerf (ou plutôt le tendon) de la jambe, depuis le pli du genou jufqu'au fanon ; enfuite faites un cataplafme avec les navets (de la maniére que je l'ai dit page 11) que vous lui appliquerez depuis le boulet jufqu'au-deffus du genou, & vous l'y laifferez pendant la nuit.

L'application du cataplafme doit fe faire ainfi ; il faut d'abord attacher un linge autour de la jambe, au-deffous du boulet, & y mettre enfuite du cataplafme, & relever ainfi peu à peu le linge, en remettant toujours du cataplafme, jufqu'à ce que vous foyez parvenu au-deffus du genou, vous foutiendrez le tout avec une lifiere ou avec une corde. Le lendemain vous ôte-

rez ce cataplafme, & en remet-
trez un nouveau, que vous chan-
gerez de même le foir. Deux
ou trois de ces cataplafmes gué-
riront un effort de nerf récent;
il en faudra cinq ou fix s'il eft in-
veteré.

Si le Cheval a été boiteux pendant quelque tems, le nerf fera
contracté; le cataplafme le re-
lâchera. Si le Maréchal vous con-
feilloit de lui frotter la jambe
avec des huiles fubtiles, & de
les faire pénétrer en approchant
un fer chaud, vous pouvez lui
répondre que cela ne fera qu'-
augmenter la contraction. S'il
vouloit lui appliquer le feu, (ce
qui eft le remede auquel il a ordinairement recours) gardez-
vous bien d'y confentir, parce
que l'application du cautere actuel, augmentera encore plus la
contraction, & le rendra boiteux
pour toujours.

L'application réiterée du même cataplasme, guérira auſſi l'Enchevetrure, ou la meurtriſſure qui ſurvient au pli du paturon lorſque le Cheval ſe prend le pied dans l'alonge de ſon licou.

Avis contre les véſicatoires, & le cautere actuel. L'emplâtre véſicatoire eſt preſque auſſi pernicieux que le cautere actuel : car premierement il eſt difficile de l'aſſujettir ſur la partie ; & en ſecond lieu, ſi le Cheval pouvoir par hazard y porter les dents, il ſe déchireroit la peau, les muſcles, le tendon, & ſe dépoüilleroit juſqu'à l'os. Or qui eſt-ce qui voudroit encourir un ſemblable danger, & cauſer tant de douleur à un cheval, par un moyen bien plus propre à le tourmenter qu'à le guérir.

Outre ces inconveniens, les véſicatoires & le cautere actuel, laiſſent après eux des cicatrices incurables, & il eſt peu de perſonnes qui vouluſſent acheter un Cheval

Cheval qui auroit de semblables marques sur lui. Enfin ni l'un ni l'autre de ces remedes, n'opere une guérison prompte. Pourquoi donc n'abandonnerions-nous pas ces anciennes & cruelles pratiques ? Tenez-vous-en au simple cataplasme ci-dessus, & ne le méprisez pas ; car il ne laisse aucune marque après lui, & guérit sûrement.

Mais je dois avertir, que l'on confond ordinairement l'effort du nerf de la jambe, avec l'entorse à l'épaule, & que le Maréchal ne manquera pas de vous proposer de faire des frictions à cette partie, avec les huiles pénétrantes, de le saigner, de lui mettre une ortie, ou donner des plumes, de lui appliquer un seton à la partie inferieure de l'épaule, & prenant ainsi le change sur la nature de l'indisposition, il mettra votre cheval hors d'état

Avertissement.

D.

de vous fervir de long-tems.
Ne vous en laiſſez pas impoſer,
& avant que de conſentir à ce
traitem... , aſſurez-vous ſi la
cauſe qui fait boiter votre Cheval ſe trouve dans l'épaule.

Com-
ment on
diſtingue
l'entorſe
de l'épau-
le d'avec
la foulure
du nerf
de la jam-
be. Car ſi cela eſt le Cheval trai-
nera la pince en marchant ; &
ſi c'eſt le nerf qui ſoit foulé, il
lévera le pied avec-peine, & ne
fera que de petits pas, mais il
fera tout-à-fait boiteux.

A peine rencontre-t'on une
entorſe à l'épaule, pour cinquan-
te efforts de nerf.

Rhûme,
Jarmoye-
ment &
morve. Vous connoîtrez ſi votre Cheval eſt morfondu, (ou enrhûmé)
par le larmoyement, & par quelque peu de mucoſité, ou morve
qu'il aura dans les nazeaux.
Quoiqu'il ſoit impoſſible de ſçavoir exactement comment il a pû
s'enrhûmer, (car ce morfondement peut lui venir de ce qu'il
aura été expoſé au vent-coulis

d'un trou, d'une fenêtre, d'une
porte, à l'humidité d'une écurie
nouvellement bâtie, ou de plufieurs autres manieres) cependant je veux vous mettre en garde contre une pratique qui n'eft
que trop en ufage,& qui ne manque guére d'enrhûmer un Cheval.

C'eft de le fortir d'une Ecurie
chaude, & de le mener dans une
riviere ou dans un abrevoir à
une heure induë, foit que ce foit
trop tard ou trop matin. Voyez
la page 25. On ne doit jamais
dans un voyage tirer un Cheval
d'une Ecurie chaude, que pour
fe remettre en chemin, à moins
qu'on ne féjourne plus de trois
jours dans un endroit.

Précau-
tion con-
tre le
morfon-
dement.

Je n'ignore pas que la plûpart
des Palefreniers penfent qu'un
Cheval s'échauffant les jambes
& les pieds dans les chemins fecs,
& lorfqu'il marche par des tems

chauds, a befoin d'être rafraîchi, fur tout s'il eft pefant ou chargé. Je conviens de cela ; mais alors il faut lui laver les jambes & les pieds avec de l'eau chaude, parce qu'elle rafraîchit mieux que l'eau froide. Celle-ci en bouchant les pores, concentre la chaleur que vous avez deffein de diffiper, au lieu qu'en lui lavant ces parties avec de l'eau chaude & du favon, ou avec de la lavure d'écuelles, cela nettoye & ouvre les pores, & augmente la tranfpiration des jambes & des pieds, ce qui doit par conféquent attirer en dehors, & moderer cette chaleur extraordinaire qui lui eft furvenuë pour avoir marché par des chemins fecs. Mais on fera encore mieux, fi on lui met aux pieds les boules chaudes de la maniere que je l'ai dit à la page 29. Moyennant cette précaution votre Cheval ne courra au-

[marginal note:] Précaution contre la folbature.

cun rifque de s'enrhûmer, ou de s'attendrir les pieds.

Retenez bien ceci.

L'eau chaude rafraichit, & l'eau froide échauffe.

Quelquefois lorfque le mor- Tumeur fondement eft confiderable, il au flanc, paroît à chaque côté du ventre une grande tumeur auffi groffe que le bras, qui s'étend depuis le coude jufqu'aux bourfes.

Il faut alors lui faire tirer de chaque côté huit ou dix onces de fang de la veine de l'éperon (fi cela fe peut, car les tumeurs ne le permettent pas toujours) enfuite, couvrez - le plus chaudement qu'à l'ordinaire, & donnez-lui le cordial fait avec l'anis; ainfi que je l'ai dit à la page 27. Repetez cela un jour ou deux, en obfervant les précautions néceffaires pour le traitement d'un Cheval nouvellement morfondu

Si la tumeur ne difparoît pas, & qu'elle fe termine par un abcès, il faut l'ouvrir avec une lancette. Il fe rétablira à mefure que le rhûme fe diffipera.

La toux.   Si, après un jour ou deux, vous appercevez que les yeux lui coulent & qu'il forte quelque peu de mucofité par les nazeaux, vous pouvez attendre jufqu'à ce que vous l'entendiez toufler.

Auquel cas, tirez-lui une livre de fang du col le matin (un Cheval peut nonobftant ce remede, fe mettre en chemin pourvû que vous le ménagiez) & à la dînée donnez lui une plus grande quantité de nourriture qu'à l'ordinaire, pour réparer la perte du fang que vous avez tiré par la faignée.

Le foir outre fa portion ordinaire vous lui donnerez un breuvage, pour le mieux nourrir. La nuit fuivante donnez-lui le cordial avec l'anis comme auparavant.

Si la toux ne passe pas dans trois jours, il faut lui tirer encore environ une livre de sang du col, & avoir recours à des remedes plus efficaces. C'est pourquoi pour empêcher que le rhûme ne tombe sur la poitrine, donnez-lui avant de vous aller coucher, Toux opiniatre.

Une once de Réglisse en poudre, une cuillerée d'huile d'Olive, une once d'Æthiops mineral, demi-once de Baume de Soufre, faites-en un bol avec un peu de miel.

Couvrez-le bien, & tenez-le chaudement. Redonnez-lui le même bol la nuit suivante, ce qui sera suffisant pour guérir un rhûme récent ou une indigestion.

Passez-lui la main sous la ganache, & si les glandes sont gonflées, ne permettez pas au Ma- Glandes de la ganache gonflées.

réchal de l'églander, c'est-à-dire,
de les lui couper avec une paire
de ciseaux rougis au feu, (comme
le pratiquent quelques-uns d'en-
tr'eux) mais ramolliffez-les avec
Guérifon. le cataplafme de navets, & donnez-lui le cordial avec l'anis jufqu'à ce qu'il foit guéri.

Si les glandes parotides d'un
homme étoient tuméfiées, &
qu'un Chirurgien propofât de les
enlever pour la guérifon, vous
le traiteriez avec beaucoup de
mépris par rapport à fon ignorance. Il en doit être de même
pour ce qui concerne un Cheval.

Je parlerai à préfent des yeux,
car il eft auffi mauvais pour un
Cheval d'être aveugle, que d'ê-
tre boiteux.

Fluxion. Lorfqu'un Cheval eft morfondu, le rhume lui tombe quelquefois fur les yeux ; ce que vous
pouvez connoître par les fymptômes ci-devant mentionnez (page
42)

42) fçavoir le larmoyement, & la chaffie. Prefentez les mains devant les nafeaux, & fi vous trouvez que fon haleine foit plus chaude qu'à l'ordinaire, il fera à propos de lui tirer un peu de fang du cou. C'eft une erreur de croire que la faignée faite à l'*Ars*, foit (comme on dit vulgairement) plus avantageufe pour les yeux ; car il eft certain que plus la faignée fe fait près de la partie malade, plus promptement auffi on décharge cette partie, & on la foulage.

Il eft d'ufage parmi quelques Maréchaux de tirer deux ou trois, & quelquefois jufqu'à quatre pintes de fang par une feule faignée. Je fuis fort oppofé à cette pratique, parce qu'il fe diffipe par ce moyen plus d'efprits animaux, que l'on ne peut en fournir à un Cheval par un long repos & par une forte nourritu-

Avis fur la faignée.

E

re, & cette derniere eſt entierement contraire à la guériſon.

C'eſt pourquoi il ſuffira de tirer une chopine de ſang, ou tout
au plus une pinte, (à moins qu'il
ne ſoit très-épais & fort échauffé).
Il eſt plus ſûr de tirer quatre pintes de ſang par cinq ou ſix ſai-
gnées, que d'en tirer deux par
une ſeule, par la raiſon que je
viens de dire. Je vous conſeille
auſſi de le recevoir ſortant de la
veine dans une meſure, je veux
dire dans un pot de chopine ou
de pinte ; Car lorſque vous ſai-
gnez à l'avanture, en laiſſant
couler le ſang par terre, vous
ne ſçavez jamais la quantité que
vous en tirez, ni quelle en eſt
la qualité. C'eſt à une auſſi dan-
gereuſe méthode, enfantée par
l'ignorance, qu'on doit attribuer
la mort de la moitié des Chevaux
de la Nation.

Quelle preuve de ſçavoir peut

Saigner par meſure.

donner un Maréchal, un Palefrenier, ou un Cocher, lorſque
pour fortifier, diſent-ils, un
Cheval, ils lui donnent un breuvage compoſé avec le diapenté,
le poivre long, la graine de para-
dis, & ſemblables drogues chaudes, tandis que ſon ſang eſt boüil-
lant dans les veines? C'eſt à peu
près comme ſi l'on donnoit de
l'eau de vie à un homme qui auroit la fiévre. Il me ſemble qu'en
connoiſſant la qualité du ſang de
votre Cheval, vous êtes mieux en
état de juger des remedes qui lui
conviennent.

C'eſt pourquoi une pinte de
ſang ſuffit pour une premiere fois,
& vous pouvez y revenir ſelon
que vous le jugez néceſſaire. Sou-
venez-vous toujours, qu'il n'eſt
pas facile, ainſi que je l ai déja
dit, de réparer la perte des eſ-
prits animaux, lorſque vous les

avez prodiguez par des amples faignées.

Pour revenir aux yeux.

Cataplaf-
me.

Après que vous avez tiré une chopine de fang, prenez un petit pain fortant du four, ôtez-en la croûte, & l'ayant enveloppé dans un linge affez grand pour couvrir le devant de la tête .& les tempes ; appliquez-le fur les yeux en forme de cataplafme, auffi chaud qu'il fera poffible, pourvû qu'il ne brûle pas. En même tems attachez-lui quelque morceau de drap autour du cou, pour lui tenir le gozier chaud. Laiffez cette efpece de cataplafme jufqu'à ce qu'il foit prefque froid, & repetez cela une ou deux fois. Enfuite préparez le collire fuivant.

Faites diffoudre dans huit onces d'eau rofe, ou d'eau de fontaine, un gros de fucre candi, autant de tuthie préparée, un demi - gros de fel de Saturne ; faites couler une goute de ce collire avec une plume dans chaque œil, le foir & le matin.

Ne foufflez jamais aucune poudre dans les yeux, mais fervez-vous toujours de collires liquides.

Le jour fuivant répetez (s'il en eft befoin) l'application du pain chaud fortant du four, & fuppofé que vous n'en trouviez pas à chaque fois que vous en aurez befoin, vous fubftituerez un cataplafme fait avec le lait & la mie de pain, & vous continuerez le collire tous les jours. Vous pouvez vous fervir encore du cataplafme de navets ; mais il n'y faut mettre aucune graiffe.

Avis contre les collires fecs.

Que jamais aucune graiffe, ni huile n'approche des yeux.

S'il fe forme une taye fur l'œil,

faites diſſoudre dans deux onces d'eau de fontaine un ſcrupule
de vitriol blanc, & autant d'alun
de roche, & avec une plume
mettez une goute de ce collire
dans chaque œil les ſoirs & les
matins, & il rongera la taye en
trois jours ou environ. Mais ne
vous laiſſez pas perſuader de lui
ſouffler dans l'œil de la pierre à
fuſil & du verre broyés enſem-
ble, parce que les pointes aiguës
du verre, bleſſeroient les tuni-
ques des vaiſſeaux capillaires, &
ne manqueroient pas d'occaſion-
ner une inflammation violente
& douloureuſe. Cette pratique
eſt auſſi mal entenduë & auſſi
inutile que la méthode des Maréchaux, qui pour guérir un
Cheval du farcin, lui percent la
peau de mille trous avec un fer
rouge.

La caſtration & l'amputation
de la queuë, ne ſont pas d'un

grand fecours pour corriger de mauvais yeux.

L'application des veficatoires Avertiffe-ment. aux tempes, la féparation des rayes, & la fection des veines, affoibliffent la vûë, & précipitent l'aveuglement.

Lorfque je commençai à m'appliquer à ce genre d'étude, j'expérimentai de toutes ces chofes & de plufieurs autres. J'avoüerai même que j'ai été affez crédule pour arracher un œil à un Cheval, dans l'efperance de lui fauver l'autre, & j'ai été convaincu que cette pratique étoit non - feulement cruelle, mais qu'elle étoit encore dépourvuë de bon fens. Je me fuis à préfent rendu maître quand au traitement de ces maladies, & de cent Chevaux qui en feront attaqués, j'en guérirai quatre-vingt-dix-neuf, quoiqu'aveugles comme des pierres, pourvu que

je puiſſe les choiſir ; car il y a
différentes eſpeces d'aveuglement. Mais l'expoſition de la méthode qui convient en pareil cas,
& dans pluſieurs autres maladies
chroniques qui ſurviennent aux
chevaux, groſſiroient trop ce volume, qui eſt fait pour être porté dans la poche d'un Cavalier,
& pour lui indiquer ſeulement
les remedes néceſſaires pour ob-
vier aux accidens qui peuvent
ſurvenir dans un voyage.

Chevaux langoureux.

On a obſervé qu'il y a des Chevaux dont le ventre fait bien ſes
fonctions pendant tout le voyage,
& d'autres au contraire qui rendent les alimens qu'ils prennent
avant qu'ils ſoient bien digérés,
& qui foirent pendant tout le
chemin, ce qui les rend ſi mai-
gres & ſi languiſſans, que la ſangle leur gliſſe, & manque d'ap-
pui. On les appelle des Chevaux
langoureux.

De pareils Chevaux doivent
fur tout être nourris avec des alimens fecs, tels que l'avoine &
les féveroles, & on ne doit leur
donner que rarement du fon. Ils
mangent autant & même plus
que d'autres, & on doit auffi les
alimenter plus fouvent, parce
qu'ils en ont befoin, eu égard à
ce qu'ils fe vuident trop promptement. Si vous leur accordez
fuffifamment de nourriture, ils
feront un affez bon voyage. Mais
je ne confeille à perfonne de s'y
expofer.

Si vous ne pouffez pas votre
Cheval au galop, j'ofe le dire, ce
n'eft pas le voyage qui le rendra
malade, mais le peu de foin que
vous en aurez lorfque vous ar-
riverez aux Hôtelleries, faites
attention qu'il eft attaché dans Veillez
l'Ecurie, & qu'il ne fçauroit avoir à fes be-
que ce qu'on lui donne, puifqu'il foins.
ne fçauroit s'aider lui-même ; fi

vous n'avez pas ſoin qu'il ſoit pancé comme il faut, un chien qui court les ruës vivra mieux qu'un Cheval qui vous rend de ſi grands ſervices; vû donc qu'il ne ſçauroit demander ce dont il a beſoin, vous devez avoir l'œil à ce que rien ne lui manque.

Lorſque vous avez fini une journée, faites-le manger le plutôt que vous pourrez, afin qu'il ait le tems de dormir. Il en ſera plus frais le lendemain matin. C'eſt une vieille obſervation que les jeunes gens mangent & dorment mieux que les vieux; mais les vieux Chevaux mangent & dorment mieux que les jeunes.

Faites-lui faire deux ou trois petits repas, au lieu d'un grand. Trop de nourriture à la fois pourroit le ſurcharger.

Cordial. Si vous voyez que votre Cheval marche d'un air languiſſant, vous pouvez lui donner en tout tems une chopine de bierre (ou de vin) chauffée, & y ajoûter deux onces d'eau de vie ordinaire, ou d'eau de vie de fucre, ou de celle de geniévre, ou une once *de diapente.* Le dernier lui fortifiera les visceres, le ranimera, diffipera les vents, & aidera la digeftion.

Si votre Cheval eft attaqué de tranchées (ce qu'il vous dénotera, s'il fe regarde fouvent les flancs) & qu'il ne puiffe pas fe foutenir fur fes jambes, mais qu'il fe roule par terre, s'agite, paroiffe fouffrir de grandes douleurs, comme il eft hors de doute qu'il en fouffre,

Tranchées.

Le Maréchal, après qu'il l'aura faigné, ne manquera pas de lui apporter une chopine de faumure de bœuf, mêlée avec une pinte de lie de vieille bierre, pour lui faire avaler ce breuvage ; Enfuite il lui donnera un la-

Avis contre la pratique des Maréchaux.

vement , & si cela ne le guérit
pas, il ne sçaura plus que faire.

Il n'y a qu'un Cheval qui
puisse résister à un semblable
breuvage.

Guérison.　　Il ne faut pas le laisser saigner,
à moins que son haleine ne fût
fort chaude; mais couvrez-le d'a-
bord bien chaudement , & avec
la corne donnez-lui environ un
demi-septier d'eau de vie, & à
peu près autant d'huile d'olive,
battuës ensemble. Ensuite faites-le
trotter de côté & d'autre. Cela
guérira surement quelques Chevaux , & si le vôtre n'en est pas
soulagé, faites boüillir une once
de poivre concassé dans une pinte de lait, mettez-y demi-livre
de beurre, & deux ou trois onces
de sel ; remuez le tout ensemble,
& faites-le lui avaler plus chaud
que de coutume. Ce breuvage le
purgera dans demi-heure ou environ , & peut-être le guérira des

tranchées. S'il ne suffit pas, donnez-lui un lavement avec la même décoction, & en même quantité, observant seulement de ne
mettre que la moitié de la quantité de poivre prescrite, & d'a-
joûter à cette décoction, à me-
sure qu'elle se refroidira, quatre jaunes d'œufs.

Lave-
ment.

Si cette méthode est suivie du
succès que vous en attendez, il
faut lui donner une nourriture
forte, jusqu'à ce qu'il ait repris
ses forces. Mais si aucun de ces
moyens ne le guérit des tranchées, faites boüillir une livre
d'anis dans deux pintes de bierre,
ajoûtez-y une livre de miel, &
lorsque cette décoction sera un
peu refroidie, faites-y dissoudre
deux onces de Diascordium, &
faites-lui prendre ce mélange
(avec une corne) en trois fois,
à une demi-heure environ de distance entre chaque prise.

Si les tranchées se passent, donnez - lui le tems de se remettre.

Vers. Si tout cela ne le soulage pas, & que vous soupçonniez des vers dans les intestins, (les vers peuvent être la cause des tranchées, ils se ramassent quelquefois en pelottons dans les intestins grêles qu'ils bouchent entierement, & causent ainsi de violentes douleurs à un Cheval jusqu'à le faire mourir, ainsi que je l'ai vû par l'ouverture du cadavre de quelques-uns morts dans les tranchées) donnez - lui deux onces d'Æthiops mineral, une once d'Anis en poudre, dont vous ferez un bol avec une cuillerée de Miel.

N. B. Il ne faut pas donner ce remede à une Jument pouliniere. Vous pouvez encore lui faire tirer du sang du palais. Il y a tout lieu d'esperer que quelqu'un de ces remedes réuffira.

Ne laiffez pas votre Cheval Vertigo. long-tems fans l'exercer ; il fe farcit les entrailles, & fes veines fe rempliffent de fang. De-là viennent le vertigo, & plufieurs autres maladies.

La guérifon du vertigo ou Guérifon. phrenefie, s'opere par le moyen de la faignée & de la purgation.

Les Chevaux qui ont le cuir fin, qui ont été confervés avec foin, & à couvert, ne devroient jamais être mis au verd, plus de trois mois dans l'année, fçavoir depuis le commencement de Juin jufqu'à la fin d'Août.

Les Chevaux qui ont le cuir épais, réfifteront mieux aux injures du tems ; ils peuvent (s'ils font dans de bons pâturages) coucher en plein champ , & font plus propres à fupporter toute l'année le pénible exercice Pâturage. de la chaffe , que les Chevaux élevés dans les Ecuries, parce que la néceſſité de chercher leur nourriture, prévient la roideur de leurs membres, & l'humidité des prairies leur conſerve la corne des pieds humide & fraîche. Mais ils doivent avoir un endroit à pouvoir ſe mettre à couvert pendant la nuit, lorſqu'il pleut ou qu'il neige.

Ne purgez jamais un Cheval au ſortir des pâturages. La purgation diſſout alors & détache une graiſſe tendre, ou des humeurs qui ſe jettent ſur les jambes, & ſur les talons; enſorte qu'il eſt rare qu'il ſe porte bien de tout l'hiver ſuivant. J'attribuë cela à la chaleur, & à l'âcreté de l'aloé. Mais ſix jours après vous pouvez lui tirer environ une pinte de ſang, ou un peu moins, & le même jour au ſoir donnezlui le cordial avec l'anis (voyez page 27.) qui eſt un bon deſobſtructif.

Si

Si vous êtes dans la nécessité de purger votre Cheval, (car il faut avoir de bonnes raisons pour cela) ne lui laissez pas boire d'eau froide, soit dans la maison, soit dehors, jusqu'au lendemain que la purgation aura fait son effet. Vous ne sçauriez au contraire lui trop donner d'eau chaude, & je crois qu'une grande quantité de boisson est nécessaire pour délayer le purgatif.

Ne lui donnez point d'eau froide avec une médecine dans le ventre.

Purgation.

Prenez, aloé une once, jalap deux ou trois gros, huile de gerofle 10 goutes, faites de tout cela un bol avec du miel.

Purgation.

Quelques Palefreniers entêtés voudront lui donner de l'eau froide à boire, & vous diront que plus il est malade, mieux la médecine agit. C'est ce que je nie ; car l'eau froide retarde l'opération de toute sorte de purga-

Avis contre l'eau froide.

F

tif, & donne des tranchées. Faites boire à un tel Palefrenier une tifanne de gruau froide pardeffus une médecine, & cela le convaincra de la fauffeté de fon opinion.

Une purgation peut faire effet dès le premier jour ; mais ordinairement elle n'agit que le fecond. J'en ai vû qui ont refté deux & même trois jours dans le ventre d'un Cheval, fans paroître agir, qui à la fin opéroient bien.

Quelque fois elle n'agit que par la voye des urines, & alors fon effet fe dérobe à la connoiffance de celui qui prend foin du Cheval, c'eft pourquoi il fe hâte de lui en donner une feconde, pour (dit-il) entraîner la premiere qui n'a point encore

Evitez de donner deux purgations de fuite. agi. Après qu'il lui a fait prendre cette feconde purgation, il le tire hors d'une Ecurie chaude, & le fait trotter de côté & d'autre, (que le tems foit chaud ou froid) jufqu'à ce qu'il foit échauffé & que tous les pores de la peau foient bien ouverts, prétendant par là faire agir la médecine. Je ne crois pas poffible qu'un Cheval qui a dans le corps une ou deux purgations, puiffe éviter de s'enrhûmer par une femblable méthode, & je ne fçaurois m'empêcher de m'élever contre ; car par des foins auffi mal entendus, & faute d'intelligence dans ceux qui gouvernent ces animaux, quelques uns perdent un œil, d'autres en deviennent boiteux pour toujours, & d'autres en meurent. Ils vous difent alors (en faifant l'ouverture du cadavre) que le foye étoit gâté, ou qu'il y avoit inflammation dans toute la fubftance des poûmons.

Purgez-le dans une Ecurie fermée.

Comment un Cavalier peut-il après la perte d'un bon Cheval,

ſe payer de ſemblables rapports
ignorans , ſi contraires aux ré-
gles de la Médecine , ſi éloignés
même du bon ſens ? Un homme
intelligent lorſqu'il aura donné
un purgatif à un Cheval , ne le
laiſſera pas ſortir de l'Ecurie juſqu'à ce que le remede ait fait ſon
effet ; & il n'eſt pas néceſſaire
qu'un Cheval faſſe aucun exercice, pour exciter le purgatif ,
parce qu'une médecine agira
bien d'elle-même ſans ce ſecours,
ſi vous tenez un Cheval bien
chaudement , ſi vous lui donnez
par-deſſus des breuvages chauds ,
autant & auſſi ſouvent d'eau tié-
de, qu'il lui plaira d'en boire.

Lorſqu'une médecine agit trop
long-tems , ou avec trop de force,
(ce qui pourroit affoiblir votre
Cheval) donnez lui une once de
theriaque délayée dans une chopine de bierre douce , ou de vin)

& répetez cela (s'il est nécessaire) pour moderer l'action de l'aloé.

Les Palefreniers chargés du soin des Chevaux de course, les saignent & les purgent souvent, & toutes les personnes de qualité en Angleterre les laissent agir ainsi. La raison qu'ils donnent de cette pratique, est, disent-ils, pour évacuer les humeurs, qui leur font enfler les jambes, & les rendent roides, & pour leur nettoyer les entrailles. Mais la saignée & la purgation affoiblissent en général & les hommes & les bêtes, outre le danger de la vie, auquel un Cheval est exposé toutes les fois qu'on le purge (ainsi que je l'ai dit.) Ne seroit-ce donc pas un avantage de le délivrer de ces humeurs superfluës, par une autre voye, & de prévenir également par cette autre voye la roideur & le gon-

flement des jambes, fans qu'il fût
befoin de les purger?

Un Cheval feroit mieux dif-
pofé à être mis au verd, fi au lieu
de le faigner & de le purger, on
lui faifoit feulement un remede
propre à lui nettoyer le corps, à
lui entretenir la foupleffe des
jambes, & les garantir de gonflement, à lui fortifier les poûmons, en débouchant les con-
duits de la refpiration, & à le
conferver dans toute fa force.
Je fuis fûr que pour produire
tous ces effets, une petite faignée
fuffit, & qu'il ne faut point de
purgation. Je m'étendrois volon-
tiers fur cette matiere, fi le détail dans lequel je ferois obligé
d'entrer appartenoit à un femblable Traité, lequel (comme je
l'ai déja dit) n'eft deftiné qu'à
l'ufage des voyageurs.

Si votre Cheval (auparavant
gras & luifant) vous eft rendu

avec un poil hériffé, & qu'il ait les flancs enfoncés, ouvrez-lui la bouche, regardez au palais, & fi les gencives des dents de devant font gonflées, & s'élevent au deffus des dents, elles l'empêcheront de manger, & le feront maigrir. Faites-lui couper la tumeur avec un fer rouge ; c'eft le traitement qui convient au *Lampas* ou *Féve.*

Le Lampas.

Traitement.

Si ce n'eft pas à cette maladie que vous pouvez attribuer la caufe de la maigreur où il eft, vous ne devez ceffer d'en rechercher quelque raifon, jufqu'à ce que vous l'ayiez trouvée ; & faites attention qu'un Cheval ne fçauroit parler, & que s'il y a de la faute du Palefrenier, il ne le dira pas.

Si vous foupçonnez que le Palefrenier ne lui donne pas fa portion ordinaire, vous devez fçavoir qu'il y a trente-fix bottes

Il faut avoir l'œil au foin & à l'avoine.

dans chaque charge de foin , & huit boisseaux dans chaque quart d'avoine , & que l'avoine n'a pas été brassée quand vous l'achetez ; car il y a certains Valets d'Ecurie qui sçavent en faire de la bierre avant que de la donner aux Chevaux.

Si un Palefrenier fait galoper un Cheval lorsqu'il sort de l'abrevoir , il vous dira que c'est pour échauffer l'eau qu'il a buë. De-là il arrive souvent qu'un Cheval devient poussif. Faites boire à un tel raisonneur une pinte de piquette de bierre , ou d'eau , & obligez-le à courir deux ou trois cens pas immédiatement après ; je crois que cela le fera penser autrement.

Si un Cheval dans son Ecurie se remuë de côté & d'autre lorsque le Palefrenier l'approche , & s'il a peur au moindre mouvement qu'il fait autour de lui,
c'est

c'eſt un ſigne preſque certain qu'il le bat en votre abſence, & un Valet d'Ecurie qui bat un Cheval, eſt bien capable de lui dérober de ſa portion.

Nos Maréchaux ont une mauvaiſe méthode au ſujet du ſeton. Si un Cheval eſt malade, ils commencent par le ſaigner, que cela ſoit néceſſaire ou non, lui donnent enſuite un breuvage, & lui ouvrent un ſeton au deſſous du ventre, ſans s'informer du Maître, ou de celui qui en a ſoin, quelle a pû être la cauſe de ſa maladie. Le ſeton eſt abſolument néceſſaire en certains cas, mais il eſt inutile dans d'autres, & ne ſert qu'à défigurer, & à faire ſouffrir un Cheval.

Par exemple.

Le ſeton au nombril, pour la *Forbure* (que vous verrez à preſque tous les Chevaux de Caroſſes & Charettes dans cette Ville de

La Forbure.

G

Londres), eft d'un mauvais ufage, parce que le feton à un Cheval qui eft attaqué de cette maladie, occafionne une trop grande évacuation des humeurs & des efprits animaux, ce qui l'affoiblit & l'épuife extraordinairement. J'ai une fois ouvert cinq fetons en même tems à un Cheval attaqué de la maladie en queftion, penfant par ce moyen de faire couler les humeurs. Mais plus l'évacuation qui fe faifoit par les fetons étoit abondante, plus auffi l'humeur fe jettoit fur les talons, & enfin le tiffu du fang fut tellement détruit, que je ne pus jamais le rétablir. Cette obfervation me convainquit que le feton étoit d'un mauvais ufage pour guérir de la Forbure. J'ai oüi dire à de fçavans Médecins, qu'une trop grande quantité de fetons, pouvoir réduire un homme dans un état de confomption.

Il me semble qu'ils doivent avoir les mêmes suites par rapport au Cheval, puisqu'ils sont de la même nature, & qu'ils ont le même effet.

Le véritable & le seul usage des setons, est pour dissiper des tumeurs dures, pour décharger & raffraichir les playes & les contusions, pour attirer les humeurs qui se nichent seulement entre les muscles & la peau, & empêcher qu'il ne s'y en jette de nouvelles.

Véritable usage des Setons.

Mais si un Cheval n'est pas *Forbu*, de quel usage peut être le seton?

Ils répondront que c'est le moyen de prévenir la *Forbure* aux jeunes chevaux, parce qu'alors les humeurs, au lieu de se jetter sur les talons, ou sur la fourchette, sortiront par l'ouverture du seton.

Je l'ai crû de même autrefois ;

mais l'expérience m'a convaincu du contraire, ainſi que je l'ai remarqué dans l'exemple ci-deſſus.

Le chaud & le froid épaiſſiſſent le ſang, & l'un ou l'autre diſpoſent les humeurs à ſe jetter ſur les talons, ou ſur la fourchette, ce qui cauſe cette maladie qu'on appelle *Forbure*, & lorſque ces mêmes humeurs, faute de circulation, ſéjournent & ſe corrompent dans les veines, elles ſe font jour enfin à travers des tégumens & y élevent une infinité de puſtules, qui font la maladie appellée *Farcin*.

Farcin.

Je ne penſe pas qu'il y ait perſonne au monde qui oſe aſſurer que le ſeton puiſſe guérir de la chaleur ou du froid; d'où il ſuit qu'il ne ſçauroit guerir ni la *Fourbure*, ni le *Farcin*.

J'oſe avancer ici qu'il n'y a que les remedes internes qui

foient en état de guérir un Cheval d'un dépôt d'humeurs fur les talons ou fur la fourchette. Cependant nos Maréchaux ignorans s'efforcent d'arrêter le progrez de cette maladie, en appliquant fur les talons, &c. du Bol d'Armenie, de l'Alun, du Vitriol, de l'Eau de Chaux, & du Verd de gris, tous remedes entierement oppofez à la guérifon. En effet tous les Stiptiques arrêtent l'évacuation de l'humeur acre, qui doit avoir une libre iffuë, autrement elle gonflera prodigieufement les jambes, & elle ne manquera pas peu de tems après de fe frayer de nouvelles routes, & peut-être fera-t'il plus difficile alors d'en arrêter le cours. Boucher & guerir font deux chofes differentes. Voyez page 27.

Les trois quarts de nos Maréchaux prétendent que la caufe

du *Farcin* se trouve entre la peau
& les muscles. Mais si cela étoit,
comme ils le disent, le seton devroit guérir cette maladie; &
puisqu'elle ne guérit pas par ce
moyen, il faut en chercher la cause autre part. Par exemple, avant
que les pustules s'élevent sur la
peau, les veines sont gonflées &
tenduës, ce qui est une forte raison de croire que la maladie a son
origine dans le sang, puisque
c'est là qu'elle paroît en premier
lieu. Secondement, tirez une chopine de sang du cou d'un Cheval,
dont les veines sont ainsi *cordées*
par tout le corps, & vous vous
convaincrez de sa corruption,
dès qu'il sera refroidi. Enfin la
saignée diminue la maladie, puisque si vous ne saignez pas un
Cheval qui en est attaqué, elle
se jettera sur toutes les parties de
son corps, depuis les oreilles jusqu'à la sole des pieds, sans en ex-

cepter même les yeux, la verge, l'intérieur du fabot, & toutes les parties où il fe rencontre des vaiffeaux fanguins.

Ces raifons me portent à croire que la caufe du *Farcin* ne fe trouve pas dans la peau, mais dans le fang; & la plus grande preuve que je puiffe en apporter, fe tire des moyens employez pour la guérifon de cette maladie; car je puis la combattre fans toucher aux puftules, & fans rien appliquer extérieurement.

Mr. Morgan qui vivoit en 1560, a donné dans fon Ouvrage une defcription exacte du *Farcin*; mais fa méthode pour le guérir, étoit de mettre des remedes dans les oreilles du Cheval qui en étoit attaqué, & de coudre enfuite les oreilles, ainfi que le pratiquent encore aujourd'hui quelques-uns, fans fuccez.

La plûpart de nos Maréchaux se servent à présent du Cautere actuel, de cette maniere. Ils décrivent (avec un fer rougi au feu), un cercle (semblable à un caractere magique), autour des pustules, & brulent ainsi la moitié de la peau. Cela, disent-ils, arrête le progrèz de la maladie, & c'est ce qu'ils appellent l'opération du feu. Ensuite ils introduisent dans chaque pustule la pointe d'une verge de fer rougie au feu, & les cauterisent jusqu'à la base, ce qu'ils regardent comme une guérison radicale du Farcin. Pour moi je regarde plûtôt ce traitement comme une peinture de la derniere punition que la Justice divine réserve aux reprouvez. Qui est-ce qui peut s'imaginer que l'application d'un fer chaud, corrigera la mauvaise qualité du sang, & guérira une maladie qui dépend de cette mauvaise qualité?

Pour guerir le *Farcin*, prenez une demi-once de vitriol romain, faites-le boüillir dans une chopine d'urine, ajoutez-y pour deux fols de Therebentine, autant de bol d'Armenie, & une poignée de Rhuë; faites-lui avaler ce mélange, & répétez-le s'il eft néceffaire.

La *Morve* eft occafionnée par de grands rhûmes qui fe fuccedent les uns aux autres, tels que ceux qui furviennent à un Cheval dans les paturages de l'hyver. Les rhûmes tombent fur la poitrine , engorgent les glandes, corrompent la maffe du fang, & produifent cette facheufe incommodité, qui eft un écoulement de Morve par les Nazeaux.

La maigreur des reins eft une fuite de la fonte des chairs, & de l'appauvriffement de la maffe des liqueurs, caufé par la violence de la Maladie , (fçavoir le morfondement) que l'on peut comparer à la phtifie des hommes : mais la *Morve* n'eft pas, comme le penfent quelques-uns, un écoulement de la moëlle de l'Epine par le nez ; car celle-ci eft contenuë dans des membranes, qui font les mêmes, que celles qui enveloppent le cerveau, lefquelles fe prolongent à travers les vertebres du cou & de l'épine du dos jufqu'à la queüe ; en forte qu'il n'y a aucune forte de communication entre la moëlle de l'épine & le nez. Il en eft de même dans le corps humain.

Pour connoître la fiévre.
Voulez-vous fçavoir quand un Cheval a la fiévre ? Il y a une artere un peu au deffus du genou, à la partie interne de la jambe. On peut fentir le battement de cette artere dans les Chevaux qui ont la peau fine ; mais le moyen le meilleur & le plus fur eft de préfenter la main devant

les nazeaux, & d'en juger par la chaleur de son haleine.

Il y a dans quelques espéces de fiévres un tems où il est dangereux de saigner ou de purger. Les Lavemens sont alors d'un excellent usage, ou plûtôt absolument nécessaires. Mais de mille personnes à peine s'en trouverat'il une qui veüille se donner la peine de soulager par ce moyen un Cheval attaqué de fiévre, & cela par deux raisons. La premiere, parce que peu de personnes connoissent lorsqu'un Cheval a la fiévre.

La seconde, c'est qu'il est rare qu'on soit pourvû d'un instrument aussi lourd qu'une seringue; c'est pourquoi en faveur de cet Animal, & à la considération de ceux qui l'aiment, je décrirai le Lavement suivant, qui est aussi bon dans la Fiévre qu'aucun autre, & qui ne demande pas beaucoup de foin. Mais auparavant faites faire à un Potier d'Etain un tuyau de la longueur de huit ou dix pouces, avec un trou aſſez large pour recevoir l'extremité du doigt, & un rebord à l'un des deux bouts, diſpoſé de maniere que ce que vous y attacherez ne puiſſe pas gliſſer. Enſuite faites boüillir une cuillerée d'avoine écraſée dans deux pintes d'eau, ajoutez-y en même tems deux onces de Senné, demi-livre de Moſcovade, huit onces d'huile d'Olive & une poignée de ſel. Ayez une veſſie qui puiſſe contenir la quantité ci-deſſus, & attachez-là fortement au tuyau. Mettez le lavement avec un entonnoir dans la veſſie, & donnez-le lui lorſqu'il ſera un peu refroidi, en ſituant le Cheval de maniere qu'il ait la croupe un peu élevée. Laiſſez-le en repos dans l'Ecurie, juſqu'à ce qu'il l'ait rendu. Plus

Lavement pour la Fiévre.

long-tems il le gardera, mieux il
s'en trouvera : mais il est inutile
pour empêcher que le Lavement
ne sorte, de lui attacher la quëüe
en embas, & de la presser contre le fondement : il est même
ridicule de croire que cela puisse
le retenir un moment.

Si quelque Palefrenier ou Maréchal, en saignant un Cheval
au cou, manque la veine, ne lui
permettez pas de piquer une seconde fois dans la même place,
parce que cela attire quelquefois une enflure à cette partie,
qui a de la peine à se guerir. D'ailleurs il s'extravase du sang, qui
occasionne toujours un gonfle- Gonflement au cou, & la veine jugu- ment au
laire se corrompt entierement au- cou.
dessus de l'ouverture jusqu'à l'os
de la machoire, & au-dessous,
presque jusqu'à l'épaule, ce qui
peut causer la perte de votre Cheval ; c'est pourquoi celui qui le

saigne doit prendre garde, (en attachant l'épingle) de ne laisser aucune goute de sang sous la peau.

Le cataplasme de Navet est ce qu'il y a de mieux pour guérir ce gonflement. Mais s'il arrivoit que le cou devint fort malade, pour *Guerison.* aider au cataplasme, il faudroit appliquer un petit seton de crin deux ou trois pouces au-dessous de la tumeur, & changer le cataplasme soir & matin jusqu'à parfaite guérison. Voilà à quoi se réduit le merveilleux du traitement qui convient pour la guérison de l'enflure du cou, maladie qui traitée par la méthode ordinaire, expose un Cheval à tant de douleurs, & qui coûte tant d'argent à son Maître.

Amputation de la queüe. Si vous voulez couper la queüe à un Cheval, ne mettez jamais dessous, le couteau ou l'instrument dont vous devez vous servir

pour faire cette opération, parce
que dans cette situation vous êtes
obligé de donner un coup sur la
queüe, ce qui la meurtrira, &
la fera tomber en mortification;
& c'est là la raison pourquoi il
meurt tant de Chevaux par cette
operation. Il faut donc lui mettre
la queüe sur un billot, & d'un
seul coup porter l'instrument à
travers une jointure, s'il est pos-
sible. On aura aussi un fer chaud
tout prêt, que l'on appliquera à
l'extrémité de la queüe, pour arrêter le sang.

Ne faites jamais dessoler un
Cheval, pour quelque raison que
ce soit. Il n'y a point de mal,
point de blessure dans le sabot,
à laquelle on ne puisse parvenir,
& cette pratique est entierement
opposée au traitement qui convient pour la *Solbature*, quoique
ce soit celle à laquelle les Maréchaux ont toujours recours en

Il ne faut
jamais
dessoler
un Che-
val.

pareil cas. On peut bien foulager un Cheval attaqué de cette maladie, mais je n'en ai jamais vû guérir aucun.

Le faux Quartier. Le faux Quartier peut être guéri en trois mois, fans qu'il en refte la moindre marque. La corne n'eft pas moins de tems à croître depuis la Couronne jufqu'à la Sole. Mais je fors des bornes que je me fuis prefcrites dans ma Preface, puifqu'on ne fçauroit entreprendre de femblables guérifons dans le cours d'un voyage.

Il eft encore un grand nombre d'autres accidens, aufquels il eft impoffible de remedier, & que toute la prudence humaine ne fçauroit prévoir.

J'ai fait mention de la plûpart de ceux qui arrivent ordinairement dans un voyage, & j'ai eu attention à ce que dans quelques-uns des articles, où il eft parlé de

ces

ces accidens, l'on pût trouver
différens fecours, par l'analogie
qu'ils ont les uns avec les autres.
Enfin j'ai ajouté autant & même plus de chofes qu'on n'a befoin d'en fçavoir pour un voyage; c'eft pourquoi je prie le Lecteur de me permettre de finir
ici.

Il n'y a dans cet Ouvrage ni
drogue ni compofition, qui ne
foit de peu de valeur, & qu'on
ne puiffe rencontrer dans prefque
tous les Villages. J'efpere donc
que perfonne n'aura de difficulté
à faire à cet égard; & fi quelqu'un me blâme d'avoir ofé aban-
donner les méthodes prefcrites
par les Auteurs qui ont écrit
avant moi, qu'aurois-je à re-
pondre à ceux qui me repro-
cheroient d'avoir négligé de faire un bien qui peut tourner à
l'avantage des Hommes & des
Chevaux.

H

J'ai lû fur cette matiere tous les Ouvrages que j'ai pû trouver, j'ai éprouvé avec beaucoup d'exactitude & de frais les recettes que les Auteurs y propofent, & je puis vous affurer que l'expérience feule m'a appris à abreger celles qui étoient trop chargées, à hâter les guérifons, & à moderer les dépenfes.

Les remedes que propofe Mr. de *Solleyfel* dans fon Ouvrage, outre la peine & la perte de tems, coutent autant de livres que coutent de fols ceux que je propofe dans celui-ci.

Si ce que j'ai dit jufqu'ici devient utile & agréable à mes amis, je pourrai continuer ce travail dans un autre tems, & communiquer des remedes particuliers, que le plan & la deftination de cet Ouvrage m'ont obligé d'obmettre, de même que plufieurs obfervations qui concernent les

Chevaux , & qui font le fruit d'une longue expérience & d'une application infatigable.

METHODE

De Monfieur MEAD,

Et Poudre pour guérir fûrement de la Morfure d'un Chien enragé.

IL faut faigner le Malade au bras , & lui tirer neuf ou dix onces de fang.

Prenez de la plante appellée des Botaniftes *Lichen Cinereus terreſtris*, mondée, deffechée, & pulverifée, une demi-once, de Poivre noir en poudre deux gros.

Mélez exactement ces deux poudres, & faites-en quatre prifes
Hij

égales, que le Malade prendra le matin à jeun pendant quatre jours de suite, dans chopine de lait de vache chauffé. Ces quatre prises finies, on lui fera prendre les bains froids, dans une Riviere ou dans une eau vive, tous les matins à jeun, pendant un mois. Il faut lui enfoncer la tête dans l'eau, mais si l'eau est très-froide, il ne doit pas y rester, (la tête hors de l'eau) plus d'une demi-minute ; après ce mois, il continuera à prendre les bains trois fois par semaine, pendant une quinzaine de jours.

Le *Lichen*, &c. est une plante fort commune, qui croît généralement par toute l'Angleterre, dans les terres incultes & sabloneuses. Le meilleur tems pour la cüeillir est dans les mois d'Octobre & de Novembre.

F I N.

TABLE
DES MATIERES.

A

B

C

TABLE

DES MATIERES.

TABLE DES MATIERES.

Fin de la Table des Matieres.

APPROBATION.

J'AY lû par ordre de M. le Chancelier un Manufcrit intitulé, *Le Manuel du Cavalier*, & je juge qu'il eft bon, utile, & qu'il mérite d'être imprimé. A Paris le 6. Avril 1737.

Signé, J. DE MOLIERES.

PRIVILEGE DU ROY.

LOUIS, par la grace de Dieu, Roi de France & de Navarre : A nos amés & feaux Confeillers les Gens tenans nos Cours de Parlement, Maîtres des Requêtes ordinaires de notre Hôtel, Grand Confeil, Prevôt de Paris, Baillifs, Sénéchaux, leurs Lieütenans Civils, & autres nos Jufticiers qu'il appartiendra, SALUT. Notre bien amé le Sieur *** Nous ayant fait fupplier de lui accorder nos Lettres de Permiffion pour l'impreffion d'un manufcrit, qui a pour titre : *Le Manuel du Cavalier, traduit* *de l'Anglois de Burdon* ; offrant pour cet effet de le faire imprimer en bon papier & beaux caracteres, suivant la feüille imprimée & attachée pour modéle sous le contrescel des Presentes, Nous lui avons permis & permettons par ces Presentes, de faire imprimer ledit Livre ci-dessus spécifié, conjointement ou séparément, & autant de fois que bon lui semblera, & de le faire vendre & débiter par tout notre Royaume, pendant le tems de trois années consécutives, à compter du jour de la date desdites presentes. Faisons défenses à tous Libraires, Imprimeurs & autres personnes, de quelque qualité & condition qu'elles soient, d'en introduire d'impression étrangere dans aucun lieu de notre obéissance, à la charge que ces Presentes seront enregistrées tout au long sur le Registre de la Communauté des Libraires & Imprimeurs de Paris, dans trois mois de la date d'icelles ; que l'impression de ce Livre sera faite dans notre Royaume, & non ailleurs ; & que l'Impétrant se conformera en tout aux Réglemens de la

Librairie, & notamment à celui du 10 Avril 1725, & qu'avant de l'exposer en vente, le manuscrit ou imprimé qui aura servi de copie à l'impression dudit Livre, sera remis dans le même état où l'Approbation y aura été donnée, ès mains de notre très-cher & feal Chevalier le Sieur Daguesseau, Chancelier de France, Commandeur de nos Ordres, & qu'il en sera ensuite remis deux Exemplaires dans notre Bibliotheque Publique, un dans celle de notre Château du Louvre, & un dans celle de notre très-cher & feal Chevalier le Sieur Daguesseau, Chancelier de France, Commandeur de nos Ordres, le tout à peine de nullité des Présentes ; du contenu desquelles vous mandons & enjoignons de faire joüir l'Exposant ou ses ayant cause, pleinement & paisiblement, sans souffrir qu'il leur soit fait aucun trouble ou empêchement. Voulons qu'à la copie desdites Presentes, qui sera imprimée tout au long, au commencement ou à la fin dudit Livre, foi soit ajoutée comme à l'original. Commandons au premier notre Huissier ou Sergent de faire pour l'execu-

tion d'icelles tous Actes requis & nécessaires, sans demander autre per-
mission, & nonobstant Clameur de
Haro, Chartre Normande & Lettres
à ce contraires ; Car tel est notre plai-
sir. Donné à Paris le vingt-quatriéme
jour de Mai, l'an de grace mil sept
cens trente-sept, & de notre Regne
le vingt-deuxiéme.

Par le Roi en son Conseil.
Signé, SAINSON.

Regiſtré ſur le Regiſtre IX. de la Cham-
bre Royale & Syndicale des Libraires &
Imprimeurs de Paris, N°. 488. fol. 460.
conformément au Réglement de 1723. qui
fait défenſe Art. IV. à toutes perſonnes,
de quelque qualité & condition qu'elles
ſoient, autres que les Libraires & Impri-
meurs, de vendre, débiter & faire afficher
aucuns Livres, pour les vendre en leurs
noms, ſoit qu'ils s'en diſent les Auteurs
ou autrement, & à la charge de fournir
à ladite Chambre Royale & Syndicale des
Libraires & Imprimeurs de Paris les huit
Exemplaires preſcrits par l'Art. CVIII.
du même Reglement. A Paris le 15. Juil-
let 1737. Signé, LANGLOIS
Syndic.

www.ingramcontent.com/pod-product-compliance
Lightning Source LLC
Chambersburg PA
CBHW070015110426
42741CB00034B/1837